LES ORIGINES

DE

L'ARMÉE JAPONAISE

PAR

Le Colonel LEBON

COMMANDANT LE 1ᵉʳ RÉGIMENT D'ARTILLERIE

BERGER-LEVRAULT ET Cⁱᵉ, LIBRAIRES-ÉDITEURS

PARIS | NANCY
5, RUE DES BEAUX-ARTS | 18, RUE DES GLACIS

1898

LIBRAIRIE MILITAIRE BERGER-LEVRAULT ET Cie

Le Musée d'artillerie (Description), par le colonel BANNAC, conservateur du Musée d'artillerie. 1898. In-8°, broché . . . . **75 c.**

L'Artillerie au début des guerres de la Révolution, par G. ROUQUEROL, chef d'escadron au 16° régiment d'artillerie. 1898. Un volume in-8° de 309 pages, broché . . . . **4 fr.**

Grands Artilleurs. Drouot, Senarmont, Éblé, par Maurice GIROD DE L'AIN, capitaine d'artillerie. 1894. Beau volume in-8° de 465 pages, avec 4 portraits, broché . . . . **8 fr.**
Ouvrage couronné par l'Académie française.

Gribeauval, lieutenant-général des armées du Roy, premier inspecteur du corps royal de l'artillerie (1715-1789), par le lieutenant-colonel HENNEBERT. 1896. Un volume in-8° de 131 pages, broché . . . **2 fr. 50 c.**

Étude sur les armes de chasse, par G. H. C. HALLEMANN, capitaine d'artillerie. 1897. Un volume in-8°, avec 24 figures, broché . . **2 fr. 50 c.**

Étude sur la Bicyclette, par J. PIROTTE, capitaine d'artillerie. 1896. Brochure in-8°, avec 32 fig. dans le texte et 2 pl. in-fol. hors texte. **2 fr.**

Artillerie et Budget, par Gaston MOCH, ancien capitaine d'artillerie. (Extrait de la *Revue générale des Sciences*). 1897. Brochure in-8°. **50 c.**

Artillerie de côte anglaise. Étude du règlement de manœuvre, par H. BÉRARD, chef d'escadron d'artillerie. 1897. In-8° avec 6 fig. **1 fr. 50 c.**

Le Matériel de l'artillerie à pied allemande, par A. MICHAUX, chef d'escadron d'artillerie. 1896. Un volume in-8° de 139 pages, avec 3 figures et 3 planches hors texte, broché . . . . **3 fr. 50 c.**

Les Essais des métaux en 1893, d'après les travaux de la commission des méthodes d'essai des matériaux de construction, par le lieutenant-colonel MARTEL. 1896. Volume in-8°, broché . . . . . **2 fr. 50 c.**

Distribution des déformations dans les métaux soumis à des efforts, par L. HARTMANN, chef d'escadron d'artillerie. 1896. Un volume in-8°, avec 187 figures et 7 planches, broché . . . . **3 fr. 50 c.**

Unification des Mesures industrielles, par L. HARTMANN, chef d'escadron d'artillerie. 1896. Un volume in-8° de 145 pages, avec 28 figures et une planche, broché . . . . **2 fr. 50 c.**

Manœuvres à feux réels de l'artillerie de campagne, par H. DE MATHAREL, capitaine d'artillerie. 1896. In-8° . . . . **1 fr.**

Emploi de l'artillerie sur le champ de bataille en France et à l'étranger. Allemagne, Autriche, Russie. Conférence faite par M. le lieutenant-colonel LANGLOIS, du 35° d'artillerie. 1894. In-8° . . . **75 c.**

Exposé des méthodes de tir de l'artillerie de campagne allemande, par P. BRONSARVIR, chef d'escadron d'artillerie. 1896. In-8°. . . **1 fr.**

Étude théorique sur les effets du tir fusant, par M. LAMBILLON, chef d'escadron d'artillerie. 1895. In-8° avec pl. . . . . **75 c.**

Essai d'un mode d'évaluation de la résistance des plaques de blindage, par le lieutenant-colonel MOISSON, de l'artillerie de la marine. 1895. In-8° . . . . **75 c.**

Balistique expérimentale, par E. VALLIER, chef d'escadron d'artillerie. 1894. Volume in-8° de 239 pages, broché . . . . **3 fr. 50 c.**

Plaques et projectiles. État de la question en janvier 1895. Supplément à la *Balistique expérimentale* du command. VALLIER. 1895. In-8°. **75 c.**

Notice sur le tir courbe, par le comte MOISSON DE SPARRE, ancien capitaine d'artillerie. Quatrième mémoire. (Extrait du *Mémorial de l'artillerie de la marine*.) 1896. Un volume in-8°, broché . . . **3 fr. 50 c.**
Parus précédemment : 1er mémoire (1892), 2 fr.; — 2e mémoire (1892), 2 fr. 50 c. — 3e mémoire (1895), 1 fr.

Sur le Mouvement des projectiles oblongs autour de leur centre de gravité et sur les conditions de stabilité de ces projectiles, par le même. Deuxième mémoire. 1896. In-8° . . . . **2 fr. 50 c.**
Paru précédemment : 1er mémoire (1894), 2 fr.

De l'Influence de l'inclinaison des filets de la vis de culasse sur la résistance de l'écrou, par P. LACROST, ingénieur à la Société des forges et chantiers de la Méditerranée. 1895. Un vol. in-8°, br. **2 fr. 50 c.**

Note sur l'organisation du matériel de campagne russe au commencement de l'année 1895. In-8°, avec figures. . . . . **75 c.**

Nancy, impr. Berger-Levrault et Cie.

LES ORIGINES

DE

L'ARMÉE JAPONAISE

PAR

Le Colonel LEBON

COMMANDANT LE 1ᵉʳ RÉGIMENT D'ARTILLERIE

BERGER-LEVRAULT ET Cⁱᵉ, LIBRAIRES-ÉDITEURS

PARIS	NANCY
5, RUE DES BEAUX-ARTS	18, RUE DES GLACIS

1898

Extrait de la *Revue d'artillerie*
(Décembre 1897)

LES
ORIGINES DE L'ARMÉE JAPONAISE

CONFÉRENCE

FAITE PAR

M. le colonel LEBON, commandant le 1ᵉʳ régiment d'artillerie

AUX OFFICIERS DE LA GARNISON DE BOURGES

(Mars 1897)

MON GÉNÉRAL, MESSIEURS,

L'année dernière, une conférence a été faite ici même sur la guerre sino-japonaise. Ce n'est donc pas de cette campagne que j'ai à vous entretenir aujourd'hui; mais il a paru intéressant de rechercher par suite de quelles circonstances des troupes féodales obéissant à des princes le plus souvent ennemis les uns des autres, armées encore il y a vingt-cinq ans, pour la plupart, de sabres, d'arcs et de lances, ont pu être transformées en une armée organisée à l'européenne, homogène, très disciplinée, animée d'un esprit militaire poussé au plus haut degré.

Comme vous l'avez vu par l'étude de la dernière guerre, cette armée a fait preuve d'une grande méthode dans la préparation des plans, d'une extrême énergie dans l'exécution; et cela au milieu des difficultés inhérentes à des opérations conduites simultanément sur terre et sur mer, dans des régions comme la Corée et la Mandchourie, où les routes n'existent pour ainsi dire pas, sous un climat des plus rigoureux dont la température descendit parfois à 40 degrés au-dessous de zéro ([1]).

La composition sommaire de l'armée japonaise, à la veille de la guerre contre la Chine, était la suivante :

7 divisions d'infanterie . . . . { 1 de la garde. / 6 de ligne.
7 régiments d'artillerie de campagne (40 batteries) . . . . { 1 de la garde. / 6 de ligne.
7 groupes de cavalerie (21 escadrons) . . { 1 de la garde. / 6 de ligne.
7 bataillons du génie (20 compagnies).
7 bataillons du train (14 compagnies).
4 régiments d'artillerie de forteresse (48 batteries).

Effectif total : 120 000 hommes environ.

Il s'agit là de l'armée active proprement dite, complètement instruite et encadrée. Cet effectif ne comprend pas les réserves et l'armée territoriale encore incomplètement organisées. D'après des renseignements récents, le Gouvernement japonais a décidé d'employer un milliard provenant de l'indemnité payée par la Chine à augmenter ses forces de terre et de mer. Cette dépense, qui sera faite à titre de dépense extraordinaire, en dehors du budget ordinaire, sera répartie sur vingt années : plus de la moitié sera consacrée à la flotte ; un peu moins de 500 millions à l'armée. Dès à présent le nombre des divisions va être porté de 7 à 12.

Mais les effectifs n'indiquent pas grand'chose par eux-mêmes, surtout quand il s'agit de races asiatiques si différentes de nos races européennes.

Ce qu'il importe surtout de connaître, c'est l'esprit qui anime l'armée japonaise. Pour s'en rendre compte, il est

---

[1] On sait que le maréchal Yamagata, lorsqu'un corps d'armée dut opérer en Mandchourie au plus fort de l'hiver, faisait porter à chaque étape des manteaux de fourrure, au moyen de coolies. Les soldats les trouvaient le soir en arrivant au bivouac, sans que leur marche en eût été alourdie.

indispensable de se reporter aux origines de cette armée, de voir ce qu'elle était à l'époque de la féodalité. Or, l'organisation militaire d'un pays est tellement liée à son organisation politique et sociale, qu'il est difficile de parler de l'une sans parler de l'autre. Le Japon est un exemple frappant de cette solidarité : son organisation politique ayant subi de 1868 à 1873 une révolution complète, il en a été de même de son organisation militaire. De l'état féodal, l'Empire est passé en cinq ans à l'état de monarchie absolue, c'est-à-dire qu'il a exécuté dans ce court espace de temps une évolution comparable à celle de la France en deux siècles, depuis Louis XI jusqu'à Richelieu.

Il est donc nécessaire de dire rapidement ce qu'était la féodalité qui a sombré dans la révolution de 1868 : vous verrez que c'était une féodalité essentiellement militaire. Nous examinerons ensuite les causes qui ont amené la suppression de cette féodalité, et enfin comment le Pouvoir central a réussi à créer une armée nationale se substituant aux bandes féodales animées de l'esprit de clan.

LA FÉODALITÉ

Rôle des Shôguns. — L'Empire était divisé entre 300 à 400 princes ou Daïmios, parmi lesquels le *Taïcoun* avait une situation particulière assez difficile à comprendre pour nous.

Le Taïcoun était à l'origine une sorte de lieutenant-général de l'Empereur ou *Mikado*; son vrai nom était *Shôgun*. Le nom de Taïcoun, que prirent plusieurs Shôguns, implique une idée de souveraineté et était, par le fait, un titre usurpé.

Les Shôguns, dont plusieurs furent des hommes de haute valeur et de grande énergie, avaient étendu peu à peu leur pouvoir au point que le Mikado, qui n'avait pas cessé d'être le vrai souverain, semblait avoir renoncé pour toujours à toute intervention dans les questions de gouvernement. Retiré dans sa cour de *Kioto* (que la géographie désignait sous le nom de *Miaco*), il était considéré par les étrangers comme un fétiche invisible aux regards des mortels et dépourvu de tout pouvoir réel. Vous vous rappelez sans doute que la diplomatie européenne et américaine s'y trompa et signa les premiers traités, de 1854 à 1866, avec le Taïcoun comme avec le seul souverain temporel. Il se trouva, cependant, — le jour où le Mikado voulut reprendre ostensiblement le gouvernement, — que son pouvoir était immense et incontesté. Le Taïcoun, sommé par le « Fils du Ciel » en février 1868 de rendre la puissance qu'il avait usurpée, abdiqua presque aussitôt, comme nous le verrons, après une résistance qui ne fut pas sérieuse.

Son jeune frère, en même temps son héritier présomptif, qui avait été reçu aux Tuileries pendant l'Exposition de 1867, avec les honneurs réservés aux familles souveraines, était, six ans plus tard, simple élève-sous-lieutenant à l'école militaire de Yédo, et je le vis venir un jour, confondu dans les rangs de ses camarades, visiter l'arsenal que la mission française installait dans son ancien palais, le palais de la famille de Mito, qui avait été confisqué et qui ne couvrait pas moins de 60 hectares, avec les jardins et le parc, au milieu de Yédo.

C'est qu'en effet le Mikado n'avait jamais cessé d'être considéré par tout Japonais comme le maître suprême de l'Empire. Chef de la religion shintoïste, regardé par celle-ci comme le descendant des Dieux, le Mikado est en réalité, depuis 2500 ans, le seul propriétaire du sol; et l'on ne trouverait, dans l'histoire de nos rois, aucune analogie qui explique l'immense autorité de son nom. — Aussi quand on voit se produire des rébellions, des guerres civiles, au Japon, ce n'est jamais l'autorité de l'Empereur qui est mise en jeu, mais celle du parti au pouvoir, celle des conseillers du moment, que les rebelles accusent de tromper l'Empereur.

On devine aisément quelle pouvait être l'organisation

militaire à l'époque féodale. Notre histoire suffirait à l'expliquer, si ce n'était un résultat de la force des choses. Chaque prince entretenait ses hommes d'armes sur ses revenus particuliers ; par suite, le nombre de ces hommes à deux sabres, appelés *Samouraïs*, était proportionné à la richesse, à l'importance de chaque prince.

Leur nombre total dépassait 400 000.

Ils représentaient, dans cette féodalité toute militaire, non seulement les combattants, mais aussi les fonctionnaires et employés de tout ordre, depuis les charges les plus élevées jusqu'aux plus infimes.

Leur caste jouissait d'un prestige énorme et primait toutes les autres classes, telles que celle des agriculteurs, et surtout celle des marchands, qui étaient presque au dernier rang de la hiérarchie sociale. A la veille de la révolution, encore en 1867, le plus grand banquier de Yédo, le Rothschild du Japon, se prosternait, le front à terre, avant de remettre sa solde à un Samouraï du rang de sous-lieutenant.

Légende des quarante-sept Samouraïs. — Cette caste était dévouée à ses princes jusqu'à la mort. Le sentiment du point d'honneur était poussé chez elle à un très haut degré, et ce qui peut en donner tout de suite une idée, c'est la légende, d'ailleurs très authentique, des quarante-sept Samouraïs qui se donnèrent la mort en s'ouvrant le ventre dans les conditions suivantes :

Leur prince avait subi une insulte ; ils résolurent de le venger. Mais pour réussir plus sûrement et attendre une occasion favorable, ils durent feindre l'oubli de leur vengeance. Aussi, un Samouraï d'un autre clan les accusa un jour de lâcheté : ils subirent cette nouvelle injure en silence. Peu de temps après, l'occasion attendue s'offrit à eux, et ils tuèrent l'ennemi de leur prince. Aussitôt cette vengeance accomplie, — pour se conformer aux lois de l'honneur japonais et expier leur crime, — ils allèrent tous

ensemble se donner la mort. Le Samouraï qui les avait accusés de lâcheté fut saisi de remords d'avoir insulté ces braves, et comprit à son tour que le point d'honneur exigeait qu'il allât se suicider sur leur tombeau.

La tombe de ces hommes d'armes était encore, il y a vingt-cinq ans, l'objet d'un pèlerinage annuel de la part des populations japonaises. — Notez, Messieurs, que le suicide est rare au Japon, quand l'honneur n'est pas en jeu.

On comprend qu'avec une telle caste militaire, ayant le fanatisme du métier des armes, et occupant tous les emplois dans le gouvernement de chaque province, l'Empire du Japon ait été pendant des siècles le théâtre de luttes intestines; et c'est pour essayer de mettre de l'ordre dans cette anarchie féodale que les fonctions de Shôgun avaient été créées dès le premier siècle avant l'ère chrétienne.

Les actes de courage et d'héroïsme accomplis dans ces guerres rempliraient des volumes.

*Expédition en Corée au xvi*ᵉ *siècle.* — Parmi les luttes de cette longue période historique, je citerai une des expéditions que firent les Japonais contre la Corée et la Chine, à l'époque où Henri IV, en France, montait sur le trône. J'en emprunte le récit à l'amiral Layrle :

« C'est à une des époques les plus troublées, en 1590, qu'un Shôgun rêve de clore l'ère des dissensions, et de lancer tous ces soldats aguerris par les luttes civiles à la conquête de la Corée et de la Chine.

« Pendant cinq années, il prépare les moyens de jeter sur le continent asiatique une Armada japonaise. Il réunit ses généraux, leur montre sur la carte la route de Pékin, enflamme leur imagination à l'idée des richesses qu'une pareille campagne doit faire tomber entre leurs mains, et distribue à l'avance les territoires que leur courage doit conquérir. L'élan est unanime parmi ces hommes animés dès l'enfance de sentiments guerriers. 300 000 hommes partent de la côte occidentale du Japon. La Corée est aux trois quarts conquise, et l'armée touche à la frontière mandchoue. Des dépouilles sans nombre recueillies sur les champs de bataille, — notamment des milliers d'oreilles qui remplissaient des jonques, — avaient été envoyées à Kioto, la capitale impériale, lorsque la mort vint surprendre le Shôgun victorieux. »

Lui mort, la guerre civile ne tarde pas à recommencer au Japon, et l'armée de Corée est rappelée par les princes du Sud coalisés qui ne voulaient pas reconnaître le nouveau Shôgun.

Le Shôgun Yéyas. — Celui-ci, Messieurs, est resté célèbre dans l'histoire sous le nom de *Yéyas*.

« Il s'avance, dit l'amiral Layrle, à la tête de 75 000 hommes contre les coalisés du Sud, qui avaient en ligne 128 000 hommes.

« Les deux armées possèdent des canons de bronze et se servent d'arquebuses ; mais le combat à distance ne dure pas longtemps. La véritable lutte, corps à corps, commence bientôt ; après plusieurs heures, la victoire semble encore indécise, lorsqu'une défection se produit dans l'armée des coalisés. Alors, Yéyas comprenant que le moment est venu où il peut compenser son infériorité numérique, fait avancer ses réserves ; les tambours battent, les conques marines résonnent sur toute la ligne de bataille ; Yéyas lui-même dirige cette charge générale ; rien ne résiste à pareil effort, l'armée des Daïmios du Sud est rompue, la boucherie commence : elle est horrible ; aucun des blessés ne veut tomber vivant aux mains de ses ennemis ; et comme dans presque toutes les luttes japonaises, ils se donnent la mort ; ceux qui n'en ont pas la force la réclament de la main des fuyards. — Quand, suivant la coutume, commence le défilé de ses troupes victorieuses, Yéyas qui a combattu tout le jour, le front simplement couvert de l'*atsimaki*(¹), se fait apporter

---

(¹) Espèce de mouchoir qui se noue autour du front, et qui porte sur le devant une plaque métallique pour parer les coups de tête.

son casque et le nouant solidement : « Ce n'est, dit-il,
« qu'après la victoire qu'un général doit mettre cette coif-
« fure. »

« Aujourd'hui encore, on montre le monument élevé sur l'emplacement qu'occupait Yéyas pendant le défilé et dans lequel ont été déposées les 40 000 têtes que les soldats ont promenées triomphalement dans la plaine. »

A la suite de sa victoire et de l'écrasement des Daïmios du Sud, Yéyas se montra législateur et organisateur de premier ordre. Il réussit à établir un état de choses qui assura au Japon deux siècles et demi de calme et de tranquillité intérieurs, depuis le commencement du xvii° siècle jusqu'à l'époque où les puissances européennes forcèrent l'entrée du Japon, il y a quarante ans. — Il serait trop long d'expliquer au moyen de quels rouages compliqués, minutieux, Yéyas et ses successeurs immédiats arrivèrent à contenir cette féodalité militaire qui s'était montrée jusque-là si turbulente. Je citerai seulement les mesures suivantes.

Il obtint de l'Empereur que les fonctions de Shôgun devinssent héréditaires dans trois grandes familles, au lieu d'être dévolues, en principe, au plus digne, c'est-à-dire, en fait, au plus remuant ou au plus intrigant. Il diminuait par là les chances de compétitions qui avaient si souvent ensanglanté le Japon.

Tous les Daïmios furent obligés d'aller résider pendant six mois à Yédo ; et, pendant les six autres mois où ils retournaient dans leurs provinces, ils devaient laisser à Yédo une partie de leur famille, véritables otages [1].

Une autre mesure non moins importante de Yéyas fut la fermeture du Japon. Il fut défendu à tout Japonais, sous

---

[1] N'est-il pas curieux de rapprocher cette mesure de la conduite de Louis XIV qui, lui aussi, hanté du souvenir des troubles de la Fronde, attirait toute la noblesse française à sa cour, pour la rendre ainsi moins turbulente et moins dangereuse que lorsqu'elle restait indépendante dans ses provinces?

peine de mort, de voyager à l'étranger; et de plus tout Européen qui essaierait de débarquer au Japon devait être condamné à mort. — Il avait bien compris le caractère de ses compatriotes qui ont un goût passionné pour les idées nouvelles, mais il n'avait pas prévu la marine à vapeur qui devait forcer un jour l'entrée du Japon.

Enfin, dans la même pensée d'étouffer les germes d'indépendance et d'innovations dangereuses, les Shôguns firent massacrer les 40000 chrétiens qu'avait enfantés l'évangélisation de saint François-Xavier.

Chose curieuse, cette persécution terrible n'arriva pas à détruire tous les germes du christianisme au Japon, et en 1874, l'évêque catholique de Nagasaki, où nous séjournions à l'occasion de l'établissement d'un projet de défense des côtes, nous affirma avoir retrouvé dans le sud du Japon, et particulièrement dans l'île de Firado où saint François-Xavier avait débarqué au xvi° siècle, 10000 familles qui avaient conservé secrètement les traditions chrétiennes (quoiqu'elles ne pussent avoir aucun prêtre régulièrement ordonné), et observaient un culte et des dogmes plus ou moins altérés.

SUPPRESSION DE LA FÉODALITÉ

Je viens de vous rappeler ce qu'était la féodalité japonaise. On doit se demander pourquoi on a vu, il y a trente ans, s'effondrer brusquement cet échafaudage dont le génie de Yéyas avait agencé savamment toutes les parties, et qui avait assuré au pays deux cent cinquante années de paix heureuse.

Bien des explications en ont été données. On a prétendu que l'organisme compliqué créé par Yéyas portait en lui-même des germes de destruction. La véritable explication est bien plus simple, elle résulte d'un fait brutal: l'apparition des étrangers montés sur des navires à vapeur qui pouvaient s'aventurer sans crainte dans ces mers dangereuses, et aborder ces côtes inhospitalières. L'Europe et l'Amérique, dans leur expansion commerciale, avaient un égal besoin du Japon comme escale pour se joindre à travers l'océan Pacifique, et elles allaient exiger du Japon l'hospitalité qui leur était nécessaire (¹).

Apparition des étrangers au Japon. — En 1853, le commodore américain Perry arriva dans la baie de Yédo avec quatre navires de guerre, et demanda, par une lettre du président de la République des États-Unis, un traité d'amitié et de commerce. Voici comment un historien indigène raconte cet événement dans un style empreint de mélancolie :

« On expliqua à l'envoyé américain la loi japonaise..... mais il ne voulut rien entendre..... L'objet de la mission américaine fut rapporté à Kioto, et des ordres de la Cour impériale enjoignirent aux prêtres du grand temple d'Isé d'offrir leurs prières pour l'éloignement des barbares..... Mais c'en était fait désormais de l'inviolabilité du sol des dieux, et on ne devait plus cesser de voir les lourds bateaux noirs (*Kuro-fune*) sillonner ces mers en vomissant des torrents de fumée (¹). »

Le commodore Perry était reparti en annonçant qu'il reviendrait l'année suivante chercher une réponse. Tous les Daïmios s'armèrent ; on fondit les cloches pour faire des canons, on bâtit des forts.

Cependant, lorsque Perry revint, en 1854, on avait réfléchi que la résistance était impossible et risquait d'exaspérer un ennemi contre lequel on ne serait en mesure de lutter que lorsqu'on lui aurait emprunté ses propres armes. Le Taïcoun répondit donc à la lettre que le Président des États-Unis avait adressée à « l'Empereur du Japon » par un traité dans lequel il laissait croire qu'il était investi de droits souverains. Il signa successivement des traités

---

(¹) G. Bousquet. — *Le Japon de nos jours.*

analogues avec les Anglais, les Russes et les Français, et ouvrit aux étrangers cinq ports de l'Empire (1857).

Ce fut là l'origine de l'erreur dont j'ai parlé en commençant, et ce qui fit croire à l'existence d'un Empereur temporel à côté du Mikado. D'un autre côté, le Mikado ne fit rien pour redresser cette appréciation erronée. On s'est étonné souvent de ce silence de la Cour impériale. Mais quand on connaît le caractère des Japonais, il paraît hors de doute que le Mikado n'était pas fâché de laisser les Européens traiter avec un « homme de paille » qu'on pourrait plus tard désavouer. Le Mikado gagnait ainsi le temps nécessaire pour se retourner et trouver une ligne de conduite, sans se compromettre dans des négociations avec ces barbares venus de l'Ouest, dont les mœurs et les idées étaient inconnues de la Cour impériale (¹).

Dangers de l'organisation féodale. — Cependant, quelques Japonais, hommes d'État avisés, comprirent qu'en présence de tous ces étrangers qui venaient forcer les portes du Japon, il était indispensable, — sous peine de voir son existence même compromise, — de substituer à une féodalité compliquée un pouvoir central tenant dans sa main toutes les forces de l'Empire.

En effet, les Daïmios n'avaient pas tardé à engager, chacun pour son compte, des relations plus ou moins officielles avec les étrangers. Le Taïcoun obtint du gouvernement de Napoléon III l'envoi d'une première mission militaire et le prince de Satzouma s'adressa, pour instruire ses propres troupes, à un Français, le comte de Montblanc, qui avait appartenu à l'armée, et qui fit venir plusieurs

---

(¹) C'est là, suivant moi, l'explication la plus plausible de ce silence. L'histoire de ces événements n'est pour ainsi dire pas faite. Avec le caractère réservé des Japonais, il est très difficile, même pour quelqu'un qui réside plusieurs années au Japon, d'être renseigné exactement sur les faits et, à plus forte raison, sur les mobiles qui les ont dictés. D'autre part, il n'est pas facile de s'orienter au milieu des récits souvent contradictoires qui ont été publiés.

anciens sous-officiers français. Tous les princes, poussés par des négociants étrangers souvent peu scrupuleux, se mirent à dilapider leur fortune dans des achats d'armes, de munitions, de bateaux à vapeur, de bibelots européens les plus invraisemblables. C'était l'anarchie qui recommençait, mais bien plus dangereuse qu'au temps des luttes sanglantes d'autrefois ; car c'était sous l'œil des puissances étrangères dont plusieurs se promettaient déjà de recueillir les dépouilles opimes du démembrement de l'Empire du Soleil levant.

Le Maréchal Saïgo. — Parmi les hommes d'État qui comprirent le danger, il en est un dont la figure est particulièrement intéressante, c'est le *maréchal Saïgo*. Il était le chef des hommes d'armes du prince de Satzouma. Ces chefs d'hommes d'armes, que l'on nommait *Karos*, étaient en quelque sorte des premiers ministres, de véritables maires du palais qui, la plupart du temps, exerçaient réellement le pouvoir au nom de leurs princes. Il me semble intéressant de montrer par son exemple ce qu'étaient ces hommes d'État, en même temps chefs militaires, qui préparèrent la chute du Taïcoun et la fin de la féodalité. Pour esquisser, dans son ensemble, l'existence mouvementée du maréchal Saïgo, je vais anticiper sur les événements.

Un jour de 1873, le maréchal Saïgo devenu, après la révolution, commandant en chef de la nouvelle armée, dînait à la mission française, à Yédo. Il portait le vieux costume japonais, différant en cela de la plupart de ses compatriotes, qui, au lendemain de la révolution, s'étaient jetés dans une imitation hâtive et quelque peu puérile des costumes européens. Ses grandes manches pagodes laissaient voir ses bras nus jusqu'au coude. Son bras droit portait une cicatrice profonde montrant qu'il avait eu tout l'avant-bras fendu. Voici l'explication qui nous en fut donnée.

A l'époque où Saïgo parcourait les provinces du sud

du Japon pour se concerter sur le plan de la révolution avec les autres *Karos*, il fut poursuivi, traqué par les agents du Taïcoun et obligé de se réfugier dans un monastère de bonzes bouddhistes. Une nuit, il fut découvert, et les assassins déguisés pénétrèrent jusqu'à son refuge. Ces bonzeries, comme nos monastères du moyen âge, sont en général fortifiées, entourées de larges fossés pleins d'eau, toutes les fois que le site le permet ; leurs escarpes atteignent des hauteurs de 10 et 15 m. Saïgo, serré de près dans la nuit par deux assassins, n'eut que le temps de se jeter du haut du rempart pour traverser le fossé à la nage ; les deux assassins en firent autant et une lutte s'engagea dans l'eau, lutte dans laquelle Saïgo réussit à poignarder ses deux adversaires, mais lui-même avait eu le bras fendu dans toute sa longueur par un coup de poignard.

Dans ses prévisions, il entrevoyait, — ce que nous voyons se réaliser maintenant à propos de la Corée, — qu'un jour les intérêts du Japon devraient se heurter à ceux de l'Empire russe ; et il montrait une insistance particulière à nous questionner sur la force de l'armée française qui s'était couverte de gloire sous les murs de Sébastopol.

Sa fin fut aussi dramatique que ses débuts. Trouvant, non sans raison, à un moment donné, que la révolution allait trop loin et dépassait les limites qu'il aurait voulu lui assigner, il s'était retiré des conseils du gouvernement, et était retourné vivre dans sa province de Satzouma à l'extrémité sud du Japon. Convaincu, à tort ou à raison — le fait n'a jamais été éclairci, — qu'un des ministres avait fomenté un complot pour l'assassiner, il se mit à la tête des nombreux Samouraïs mécontents qu'avait produits la révolution, et en 1877 il leva l'étendard de la révolte, non pas, bien entendu, contre l'Empereur, mais contre les conseillers qui entouraient l'Empereur. A la tête de 40 000 hommes mal organisés, armés encore pour la plupart de leurs anciens sabres, mais qui lui étaient dévoués, corps et âme, il soutint pendant huit mois une lutte acharnée contre les troupes gouvernementales qui comprenaient plus de 70 000 hommes. Il fit preuve d'un vrai génie militaire : résistant pied à pied, se dérobant brusquement quand il allait être enveloppé et, par des marches rapides dans un pays montagneux à peine praticable, se reportant sur les flancs ou même sur les derrières de l'armée impériale. — Mais la lutte était trop inégale ; et par un retour bizarre des choses, Saïgo devait être écrasé par l'armée nationale dont il avait été le créateur.

Mort de Saïgo. — Quand 18 000 des siens furent tombés, ayant mis hors de combat un nombre au moins égal des soldats de l'armée impériale, Saïgo, blessé lui-même à la cuisse dans un dernier combat, se fit trancher la tête sur le champ de bataille par un de ses fidèles Samouraïs. Celui-ci et une centaine des principaux Samouraïs qui ne voulaient pas survivre à leur chef, se donnèrent aussitôt la mort.

Quelque temps avant ce dénouement, un de ses anciens compagnons d'armes, en même temps son beau-frère, qui commandait la flotte impériale, lui avait écrit pour le supplier de faire sa soumission, en lui garantissant la clémence de l'Empereur. Saïgo refusa dans des termes d'une grande simplicité et d'une véritable élévation :

« ..... Vous dites que dans le cas où nous nous rendrions, vous demanderiez au Gouvernement d'étendre sur nous sa clémence. Ceci est ridicule. Nous combattons au nom de la justice, et dans une cause juste, nous ne nous préoccupons pas du sort que la destinée nous réserve. Votre Excellence prétend que nous pouvons recouvrer l'honneur, nous ne vous comprenons plus. Comment pourrions-nous avoir perdu l'honneur, puisque la cause de la justice est honorable ? »

Messieurs, d'après les vieilles traditions de l'honneur japonais, un vaincu comme Saïgo ne pouvait finir autrement qu'en se donnant la mort sur son dernier champ de bataille, puisque la mort ne venait pas le chercher. Sa figure est restée la plus populaire du Japon moderne. Dans le moindre village, on trouve aujourd'hui l'image de celui qu'on appelle le *Grand Saïgo*.

Six mois après, sa mort fut vengée par six de ses Samouraïs qui assassinèrent à Yédo, à quelques pas du palais impérial, le ministre de l'intérieur *Okubo*, — celui-là même qu'on avait accusé d'avoir voulu faire tuer Saïgo. Les meurtriers allèrent aussitôt se livrer à la garde du palais. Et comme si le drame au Japon devait toujours revêtir une forme particulièrement saisissante, le corps d'Okubo abandonné sur la voie publique était reconnu et relevé, quelques instants après, par un autre ministre se rendant également au palais, et qui n'était autre que le *général Saïgo*, le propre frère cadet du maréchal.

Attentats contre les Européens. — Après cette digression sur le maréchal Saïgo, je reviens aux événements qui suivirent l'arrivée des étrangers au Japon. Pendant douze années, de 1857 à 1869, une série d'assassinats furent commis sur la personne d'Européens. Les auteurs étaient des Samouraïs indignés, certainement, de la violation du sol de l'Empire, mais surtout encouragés très probablement, en sous-main, par les princes du Sud qui avaient résolu la chute du Taïcoun, et qui cherchaient à créer à celui-ci de gros embarras. En effet, à chaque attentat, les puissances européennes, croyant toujours à la souveraineté du Taïcoun, s'adressaient à lui pour obtenir des réparations que le Taïcoun était impuissant à leur donner.

Ces puissances européennes durent dès lors prendre elles-mêmes des mesures coercitives : la France et l'Angleterre débarquèrent à Yokohama des troupes d'infanterie de marine pour protéger leurs nationaux ; elles y restèrent jusqu'en 1874. Le cri *Mort aux barbares* était devenu le mot d'ordre des Samouraïs. L'Angleterre dut envoyer une escadre bombarder la capitale de Satzouma pour venger des Anglais dont les meurtriers restaient impunis.

Le prince de Nagato fit tirer par ses batteries de Simonoséki sur les navires européens qui entraient dans la mer intérieure du Japon, et comme les représentants des puissances n'obtenaient aucune satisfaction, les escadres anglaise, française, hollandaise, se réunirent pour bombarder la ville de Simonoséki.

Ce nom de Simonoséki ne vous est pas inconnu. C'est la ville qui a donné son nom, il y a deux ans, au traité de paix entre la Chine et le Japon. C'est une position militaire de premier ordre; elle commande le chenal très étroit qui relie la mer de Chine à la mer intérieure du Japon. Il est curieux de noter que les batteries de Simonoséki qui firent feu sur nos escadres, il y a trente ans, étaient commandées par un homme devenu célèbre, le maréchal *Yamagata*, le généralissime de l'armée japonaise dans la dernière guerre contre la Chine.

Le Maréchal Yamagata. — C'est une figure qui mérite qu'on s'y arrête. A l'époque dont je vous parle, il était le chef des hommes d'armes, le *Karo*, du prince de Nagato, comme Saïgo était le Karo du prince de Satzouma. Quelques années plus tard, lorsque la mission française arriva au Japon en 1872, il était devenu ministre de la guerre. A l'inverse de Saïgo, qui était d'un tempérament fort et puissant, Yamagata a toujours eu l'apparence d'une santé délicate. C'est un homme d'une grande modestie, cachant une très grande énergie sous les dehors de la timidité.

« Je suis déjà trop vieux, me disait-il un jour, il y a vingt-cinq ans, pour apprendre tout ce que vous enseignez à nos jeunes officiers. Aussi je m'attache surtout à une chose : bien connaître la valeur de chacun, et l'employer au poste qui lui convient. » — N'est-ce pas là, Messieurs, les trois quarts de l'art du commandement?

Il voulut nous faire visiter lui-même la position de Simonoséki, lorsqu'en 1874 la guerre faillit éclater une première fois entre la Chine et le Japon, et que la mission française fut chargée d'établir d'urgence un plan de défense des côtes du Japon. En parcourant ensemble les épaulements ruinés de ses anciennes batteries, Yamagata nous raconta comment ses Samouraïs, transformés en canonniers improvisés, et ses canons de modèles archaïques avaient été écrasés par l'artillerie de nos vaisseaux.

L'année dernière, au mois de juin, le maréchal Yamagata traversait la France, se rendant à Moscou comme ambassadeur extraordinaire pour le couronnement de l'Empereur de Russie. Il fut autorisé à visiter le fort de Saint-Cyr. Le hasard voulut que je fusse appelé, comme directeur d'artillerie à Versailles, à lui en faire les honneurs.

Le maréchal se plut à évoquer le souvenir de tous les événements si considérables pour le Japon, qui s'étaient écoulés depuis le jour où c'était lui qui nous faisait visiter les vieilles batteries de Simonoséki; et dans sa grande modestie, il voulut bien rapporter aux enseignements reçus de l'armée française, la plus grande part des succès de son armée.

Abdication du Taïcoun. — Je reviens, Messieurs, au moment où les attentats commis contre les Européens amenaient journellement des conflits entre les puissances européennes et le gouvernement du Taïcoun. Celui-ci se trouvait de jour en jour de plus en plus discrédité; et bientôt le parti des princes du Sud, mené par Saïgo et ses amis, obtint de la Cour impériale que le Mikado sommât le Taïcoun de déposer le pouvoir.

Comme je l'ai dit en commençant, le Taïcoun abdiqua presque aussitôt, en février 1868, et les troupes des princes du Sud entrèrent à Yédo sans avoir rencontré de résistance sérieuse. Seuls, les partisans du Taïcoun continuèrent la lutte, en remontant peu à peu jusqu'au nord du Japon. Mais ce n'était pas la couronne du Mikado qui était en jeu; c'était la lutte de deux influences. Les hommes du Nord, habitués à exercer le pouvoir depuis des siècles, ne pouvaient se résoudre à le voir passer entre les mains des hommes du Sud.

Quant au Taïcoun, un de ses conseillers qui lui était très dévoué, lui représenta qu'il ne pouvait survivre à sa déchéance et qu'il devait s'ouvrir le ventre. — Voyant que ses supplications étaient impuissantes à réveiller chez le Taïcoun le sentiment des vieilles traditions japonaises, cet ami *très dévoué* espéra le convaincre en prêchant d'exemple. Il rassembla sa famille et, avec le cérémonial habituel, s'ouvrit le ventre au milieu de tous les siens. Mais le Taïcoun ne se laissa pas convaincre par ce nouvel argument, quelque touchant qu'il fût. Il préféra se retirer dans une superbe propriété que le Mikado lui donna au bord de la mer.

Les princes du Sud victorieux n'avaient plus, après la chute du Taïcoun, aucun intérêt à susciter des conflits entre le Japon et les puissances étrangères. Mais le sentiment national avait été trop vivement surexcité pour pouvoir se calmer instantanément, et de nouveaux attentats contre les Européens se produisirent, dont on demanda compte cette fois au véritable souverain. Je vous rappellerai un de ces attentats, qui causa en France une impression douloureuse.

Affaire du « Dupleix ». — En 1869, la chaloupe à vapeur de la corvette française *le Dupleix* attendait, dans un petit port de la mer intérieure, le ministre de France qui était allé conférer avec le gouvernement de l'Empereur. L'équipage de la chaloupe se promenait tranquillement sur le rivage, lorsque les Samouraïs du prince de Tosa, étant venus à passer, massacrèrent l'aspirant qui commandait le détachement avec dix de nos matelots.

Le commandant Dupetit-Thouars et le ministre de France exigèrent une réparation éclatante. Le gouvernement mikadonal ne pouvait plus opposer des atermoiements, ni arguer de son impuissance, comme l'avait fait tant de fois le gouvernement du Taïcoun. En moins de cinq jours, vingt coupables furent arrêtés et condamnés à mort. Mais, en leur qualité de Samouraïs, ils furent autorisés à subir la mort réservée aux nobles, la mort non infamante du *hara-kiri* (s'ouvrir le ventre).

Le commandant Dupetit-Thouars et une partie de l'équipage du *Dupleix* assistèrent à l'exécution qui eut lieu dans un temple. Ces exécutions par le *hara-kiri* se font avec un cérémonial long et compliqué, que je résumerai en quelques mots : le condamné, après s'être accroupi, se débarrasse lui-même lentement de ses vêtements jusqu'au dessous des hanches ; il les ramène en arrière du corps, et fait un nœud avec les manches derrière les genoux. Un ami, qu'il a choisi, lui présente son petit sabre ; il le porte respectueusement à son front, puis toujours avec une lenteur solennelle, il enfonce la pointe dans son flanc gauche et la ramène vers le flanc droit en se faisant une incision transversale. A ce moment, son ami, qui a suivi tous ses mouvements, se lève brusquement, et *d'un seul temps*, tire du fourreau son sabre et tranche la tête du condamné.

Il n'y a pas d'exemple, dans l'histoire du Japon, qu'un Samouraï ait laissé paraître un signe de faiblesse pendant ces exécutions. J'ai entendu raconter à Yédo, trois ans après l'affaire du *Dupleix*, que plusieurs des condamnés, avant de s'ouvrir le ventre, avaient eu l'énergie de se couper la langue avec les dents, et de la cracher aux pieds de nos matelots. Depuis deux longues heures, le commandant Dupetit-Thouars et le détachement français assistaient à cette lugubre cérémonie. Onze têtes étaient tombées. Nos nerfs européens ne sont pas faits pour des supplices aussi prolongés. Le commandant Dupetit-Thouars écœuré, et en même temps vivement impressionné de tant de courage et d'énergie farouche, intervint, déclara qu'il se contentait d'un nombre de têtes égal à celui des têtes françaises qui étaient tombées, et demanda la grâce des survivants.

Enfin, quelques jours plus tard, le ministre d'Angleterre, se rendant au palais de l'Empereur, était attaqué, et une dizaine des soldats de son escorte étaient plus ou moins grièvement blessés.

La mesure était comble; les puissances européennes devenaient de plus en plus menaçantes; la Cour mikadonale était affolée. L'Empereur rendit un décret d'après lequel tout Samouraï qui assassinerait un Européen, serait à l'avenir dégradé, ainsi que toute sa famille, aurait ses biens confisqués et, par suite de sa dégradation, ne serait plus admis à l'honneur de s'ouvrir le ventre.

Le Gouvernement impérial se transporte à Yédo. — D'autre part, la Cour impériale, restée jusque-là à Kioto, comprit qu'il fallait affirmer le nouvel état de choses en abandonnant cette résidence où, depuis des siècles, elle était en quelque sorte isolée du pays. Elle se transporta à Yédo, l'ancienne capitale des Shôguns, véritable centre politique du Japon, où elle retrouva l'outillage gouvernemental, le personnel bureaucratique rompu aux affaires qu'avaient formé les Shôguns. En outre, elle se trouvait ainsi à proximité de Yokohama, où étaient installés tous les représentants des puissances étrangères.

En 1871, le Mikado convoqua à Yédo tous les princes, grands et petits Daïmios. Il leur déclara solennellement que leurs principautés redevenaient domaine de l'État. Dorénavant, le Mikado gouvernerait seul avec son Conseil suprême. Les anciennes principautés seraient transformées en départements administrés par des préfets délégués du pouvoir central. En échange de leurs principautés, le gouvernement paierait aux Daïmios une rente annuelle, et il prenait à sa charge la nourriture des 400 000 hommes d'armes qu'ils avaient jusque-là entretenus.

Une série de mesures politiques complétèrent peu à peu la destruction du vieil édifice féodal. A plusieurs reprises, des résistances locales se produisirent. Le Gouvernement impérial montra une grande habileté. Sans entrer dans le détail, vous comprenez que telle réforme politique ne devint possible qu'à mesure que le Pouvoir central eut dans ses mains une force armée plus homogène et plus disciplinée.

L'ARMÉE NOUVELLE

Demande d'une mission française. — Ce qui précède m'amène à vous dire quelques mots des travaux de la mission française ; car ce fut précisément dans le but de créer cette force dont avait besoin le Pouvoir central pour assurer la sécurité de l'Empire à l'intérieur comme à l'extérieur, que le Gouvernement japonais demanda à la France en 1871 l'envoi d'une mission militaire. Jusque-là, il existait des bataillons de Satzouma, de Nagato, de Tosa, etc..., mais pas un soldat relevant directement de l'Empereur. — Il s'agissait de créer une armée nationale.

On s'est étonné quelquefois que le Gouvernement japonais se soit adressé à la France au lendemain des événements de 1870. Plusieurs motifs en ont été donnés. Il y en a un, suivant moi, qui prime tous les autres. Vous savez que le Taïcoun avait demandé au gouvernement de Napoléon III une première mission militaire qui lui fut accordée, par suite même de l'opinion erronée qu'on avait de la souveraineté du Taïcoun. Cette mission, commandée par le capitaine Chanoine, actuellement général de division, dut interrompre ses travaux au bout de dix-huit mois, lors de la chute du Taïcoun, et elle fut rappelée en France. Mais elle s'était créé de vives sympathies parmi les cadres qu'elle avait commencé à instruire et dont une partie se trouvait ralliée, en 1871, au gouvernement mikadonal. D'autre part, parmi les troupes du Sud, les officiers du clan de Satzouma avaient reçu un commencement d'instruction, comme il a été dit plus haut, d'un Français, le comte de Montblanc, et d'anciens sous-officiers français.

A côté de ces amis de la France, il y avait dans le nouveau gouvernement un fort parti allemand. Mais le maréchal Saïgo fit pencher la balance en faveur d'une mission française. — Pendant les premiers mois, cette mission dut manœuvrer au milieu de beaucoup d'écueils ; car le parti adverse déclarait hautement qu'avant six mois, il réussirait à la faire se rembarquer. Non seulement, au bout de six mois, elle n'était pas partie, mais elle avait jeté des racines profondes, et elle obtenait, au bout d'un an, de doubler son personnel.

Travaux de la mission. — Celle-ci commença par former un noyau de troupes recrutées dans les diverses provinces, et destinées à fournir des cadres pour l'armée nationale. Au début, les troupes des clans du Sud, qui avaient pris le nom de Garde impériale, ne recevaient pas l'instruction de la mission. Aussi, dans leur désir de s'instruire, et dans la crainte de se voir dépassées, leur jalousie ne tarda pas à éclater à l'égard des troupes qu'instruisait la mission. Il faillit parfois survenir entre elles des rixes sérieuses dans les rues de Yédo. Quand cette jalousie fut très surexcitée, le Gouvernement lui accorda de participer à l'instruction de la mission française, mais à la condition qu'elle consentirait à manœuvrer sur les mêmes terrains et côte à côte avec les troupes qu'instruisait déjà celle-ci. C'était opérer un rapprochement entre les troupes de la féodalité et les troupes nationales. Ce rapprochement ne se fit pas sans certaines difficultés. Par exemple, la première fois que fut donné rendez-vous pour une conférence commune à une cinquantaine d'officiers d'artillerie, ceux-ci se groupèrent dans deux salles distinctes, et il fallut la menace de cesser toute instruction, aux uns comme aux autres, pour les décider à se réunir dans une salle commune. Les premiers temps, ils échangeaient entre eux des regards qui n'avaient rien d'amical. Au bout de dix-huit mois, il devint possible au Gouvernement de licencier ou, du moins, de transformer cette Garde impériale qui, après avoir été un instrument pour ruiner la puissance du Taïcoun, était devenue une force à part dans l'État. Une partie des éléments fut versée dans l'armée nationale ; les autres, les intransigeants, allèrent grossir le nombre des mécontents qui devaient, en 1877, lever l'étendard de la révolte sous les ordres du maréchal Saïgo.

La Garde impériale fut ensuite reconstituée avec des éléments pris dans toutes les provinces de l'Empire.

Première loi de recrutement. — A la fin de 1872, le Gouvernement japonais promulgua la première loi de recrutement, élaborée avec le concours de la mission française : elle instituait le service militaire obligatoire pour tous les Japonais, avec trois ans de service dans l'armée active et quatre dans la réserve. Tous les hommes âgés de 17 à 40 ans, ne faisant pas partie de l'armée active ou de la réserve, composeraient l'armée territoriale.

Cette loi, bien entendu, ne fut appliquée que progressivement, avec les tempéraments qu'exigeaient les circonstances politiques et les ressources budgétaires. — Cette réforme fondamentale, qui élevait tous les Japonais à l'honneur, jusque-là si envié, de porter les armes, fut présentée très habilement par le Gouvernement impérial, non comme une innovation, mais comme un retour aux antiques lois de l'Empire.

Voici, en effet, dans quels termes s'exprimait l'Empereur en promulguant la loi :

« Nous Tennô (fils du Ciel) à nos sujets :

« Nous pensons qu'autrefois, sous l'antique monarchie absolue et héréditaire, l'organisation de l'armée reposait sur le peuple entier du Japon...... — Certainement, à cette époque, aucune distinction n'existait entre les guerriers et les cultivateurs. —

Plus tard, toute la puissance militaire étant tombée entre les mains d'un seul homme (Shôgun), la division en castes s'opéra ; il y eut la classe militaire et la classe inférieure, c'est-à-dire le régime féodal...... »

« La transformation de notre Empire, commencée il y a six ans, et qui se continue, est donc la grande réforme souhaitée depuis plus de mille ans, etc..... »

Établissements militaires. — De 1872 à 1876, les établissements suivants furent créés à Yédo sous la direction de la mission française :

1° Pour aller au plus pressé, on créa tout d'abord une *école de sous-officiers* destinée à fournir des cadres à toutes les armes. Les premiers temps, elle fournit aussi des officiers.

2° Une *école de tir* pour l'infanterie. On constata bien vite que les Japonais, avec leur tempérament peu impressionnable, font de bons tireurs. Comme chez tous les peuples de race jaune, le système nerveux paraît moins développé chez eux que chez nous, ou, ce qui revient au même, ils le maîtrisent plus facilement.

3° Un grand *arsenal militaire* comprenant des ateliers de construction pour le matériel, une manufacture d'armes, une école de pyrotechnie avec cartoucherie. Deux ans après sa fondation, cet arsenal occupait 2500 ouvriers avec des machines à vapeur et des machines-outils, venues de France pour la plupart. Pendant l'expédition que les Japonais firent à Formose en 1874, le nombre des ouvriers fut porté à 4000.

L'Empereur et l'Impératrice vinrent successivement visiter les travaux de l'arsenal. L'Empereur parut surtout étonné de l'emboutissage des étoupilles fulminantes. Quant à l'Impératrice, qui avait à ce moment vingt ans à peine, on exécuta devant elle, à son grand ravissement, les expériences classiques sur les combustions dans l'oxygène et sur les mélanges détonants. Ce fut sans doute sa première et sa dernière leçon de chimie.

4° Un *polygone d'artillerie* fut installé à douze lieues de Yédo. L'artillerie eut très vite de bons pointeurs, par les mêmes raisons que j'ai données pour les tireurs d'infanterie. Les officiers japonais arrivent rapidement, et sans se presser, à régler le tir avec précision. La méthode et le sang-froid sont leurs qualités maîtresses.

Le polygone fut inauguré officiellement, en 1873, par l'oncle du Mikado. Il assista à des tirs de guerre contre des formations d'infanterie et contre un ouvrage de campagne, à un carrousel, à une école à feu de nuit, à un feu d'artifice. Ce qui l'impressionna le plus, ce fut la mesure des vitesses initiales au moyen du chronographe Le Boulengé.

5° Une *poudrerie* fut établie aux environs de Yédo.

6° De nombreuses *casernes* furent construites. Détail à signaler : elles sont toujours aménagées pour que chaque homme puisse prendre tous les jours un bain chaud, extrêmement chaud, à près de 40°. Tout Japonais, même le plus misérable, prend *quotidiennement* un bain ou, du moins, se fait des ablutions avec de l'eau aussi chaude qu'il peut la supporter. Dans les moindres villages, on voit le soir les familles pauvres grouiller pêle-mêle dans les bains publics où on donne à chacun, pour une somme insignifiante, un baquet rempli d'eau bouillante. Avec l'humidité du climat et les nombreuses rizières au milieu desquelles on vit, il est possible que cette réaction violente qui attire le sang à la peau, soit très salutaire. En tout cas, les Japonais la considèrent comme indispensable.

7° Une grande *école militaire*, destinée à fournir des officiers à toutes les armes, fut inaugurée en 1875.

Les élèves-officiers provenant, la plupart, des familles d'anciens Samouraïs, montrèrent dès le début un très vif désir de s'instruire et témoignèrent d'un véritable esprit militaire. En 1877, au moment de l'insurrection dans laquelle le maréchal Saïgo trouva une fin si dramatique à la tête des rebelles, 110 élèves furent envoyés sur le théâtre des opérations pour combler les vides dans les cadres de l'armée impériale. Sur ces 110 jeunes gens de moins de vingt ans, 33 furent tués et 35 blessés, — chiffres éloquents, qui montrent combien sont encore vivaces aujourd'hui les traditions de bravoure qui ont fait l'honneur des Samouraïs.

Enfin la mission française eut à établir en 1874 un plan de défense des côtes du Japon. A cette époque, la guerre fut sur le point d'éclater entre la Chine et le Japon. Le Japon avait envoyé un corps expéditionnaire occuper Formose pour venger, disait-on, des marins japonais massacrés ; mais il y a lieu de croire que c'était surtout pour se débarrasser d'une partie des anciens Samouraïs mécontents du nouvel ordre de choses, qu'on eût été heureux de voir coloniser Formose. — La Chine se fâcha, et la paix ne se fit qu'après de longs pourparlers. De nombreux Samouraïs, qui désiraient, dès cette époque, la guerre avec la Chine, ne pardonnèrent pas à l'ambassadeur japonais cette solution pacifique, et en débarquant à Yokohama, à son retour de Pékin, il fut l'objet d'une tentative d'assassinat.

C'est pendant ces pourparlers que le Gouvernement japonais demanda à la mission d'établir un plan de défense des côtes.

Je ne m'arrêterai pas aux détails techniques de ces travaux. Je dirai seulement que les côtes du Japon se prêtent tout particulièrement à une bonne défense, car elles sont généralement escarpées et inaccessibles ; le nombre des points à fortifier, c'est-à-dire où des flottes peuvent trouver un abri, est relativement restreint. On peut donc y concentrer des moyens de défense efficaces. D'autre part, si une armée réussissait, malgré les difficultés, à prendre pied en dehors de ces points défendus, elle ne trouverait ni ressources pour vivre, ni routes pour cheminer, dans un pays montagneux, extrêmement difficile. Enfin, les typhons (ou cyclones) qui font ces côtes si dangereuses, rendraient absolument aléatoire le ravitaillement d'une armée qui aurait débarqué ailleurs que dans les rades abritées.

Esprit de l'armée nouvelle. — Il me resterait, Messieurs, à vous parler de *l'esprit militaire* de la nouvelle armée. Vous avez déjà vu, par la conduite des jeunes sous-lieutenants-élèves, pendant l'insurrection de 1877, que la bravoure de cette jeune armée ne le cédait en rien à celle des anciennes troupes féodales.

Son ardeur, son véritable fanatisme pour le métier des armes se montraient encore dans les exercices du temps de paix. Il serait superflu de vous citer les nombreux faits par où ces sentiments se manifestaient, par exemple dans les manœuvres à double action, dans les marches de nuit, auxquelles tous, officiers et soldats, prenaient d'autant plus de plaisir que les difficultés vaincues étaient plus grandes, — quoiqu'il en résultât parfois des accidents d'hommes ou de chevaux.

En 1882, le Mikado adressa à son armée une proclamation où l'on trouve l'expression de sentiments remarquablement élevés, et dans laquelle l'Empereur énumère les cinq Vertus qui doivent être, dit-il, le fondement de l'esprit de son armée [1].

J'en détache quelques passages :

« Tous ceux qui servent dans l'armée doivent regarder comme leur premier devoir la *fidélité à la patrie*..... Sans patriotisme, quelque versés qu'ils soient dans les arts et dans les sciences, des soldats ne seraient que des mannequins. Si elles ne sont pas fidèles, des troupes, même bien organisées, ressemblent au moment de l'action à des bandes d'oiseaux..... — Ne vous laissez pas entraîner par l'opinion publique et ne vous mêlez pas de questions politiques ; pratiquez uniquement la fidélité à la patrie, qui est votre premier devoir, en vous rappelant que *le devoir est plus lourd que les montagnes* et que *la mort est plus légère qu'une plume*..... »

---

[1] Capitaine de Villaret. — *Le Japon*. 1889.

En second lieu, « le soldat doit observer rigoureusement la *discipline*..... En dehors des cas où les exigences du service demandent l'emploi de l'autorité, tous s'efforceront de se traiter avec déférence et bonté, afin qu'officiers et soldats soient unis pour la cause du Souverain. Tout membre de l'armée qui, oubliant la discipline, détruirait cette union, soit par son manque de respect pour ses chefs, soit par son défaut de bienveillance vis-à-vis de ses inférieurs, ne serait qu'un poison pour l'armée et un criminel vis-à-vis de la nation..... »

La troisième vertu est le *courage*. « Si de tout temps cette vertu a été en tel honneur dans notre Empire, qu'aucun de nos sujets n'ait pu vivre sans elle, comment donc les hommes de guerre, dont la mission est de se mesurer avec l'ennemi sur les champs de bataille, pourraient-ils oublier même un seul instant qu'ils doivent la posséder ! Mais il y a deux degrés dans cette vertu : le *petit courage* et le *grand courage* (la témérité et la bravoure). On ne saurait en effet appeler brave un homme au tempérament ardent et turbulent. Un soldat doit toujours agir avec réflexion, veiller sur son caractère et bien peser tous ses actes. — Accomplir son devoir sans mépriser l'ennemi, quelque faible qu'il soit, et sans le craindre, quelle que soit sa force : tel est le véritable courage..... Un soldat qui à tout propos aime à faire parade de sa force, finit par être détesté par le peuple et regardé comme un loup..... »

En quatrième lieu, les soldats « doivent faire grand cas de *l'honneur et du respect de la foi jurée*..... Sans ces vertus, un soldat ne peut rester un seul jour dans les rangs de l'armée..... »

Enfin la cinquième vertu que l'Empereur ordonne de pratiquer est la *tempérance*. « ..... L'intempérance, une fois introduite dans l'armée, s'y répand comme une maladie contagieuse qui atteint même les hommes les plus forts..... »

Dans la dernière guerre, quoique les Chinois fussent évidemment des ennemis peu redoutables pour les Japonais, ceux-ci, comme vous le savez, ont eu l'occasion de montrer de grandes qualités militaires. — En dehors des faits qui ont été publiés, j'ai entendu raconter que plusieurs officiers se sont volontairement donné la mort, parce qu'ils croyaient n'avoir pas fait suffisamment leur devoir. On m'a cité, notamment, un officier qui, ayant été empêché par une indisposition d'assister aux combats qui précédèrent la prise de Port-Arthur, se suicida comme étant déshonoré. Ces faits, comme ceux analogues que j'ai rappelés du vieux Japon, sont d'autant plus caractéristiques que le suicide, je le répète, est extrêmement rare chez les Japonais pour tout autre motif que le point d'honneur.

En terminant cet aperçu sur les origines de l'armée japonaise, on doit se demander si les qualités militaires qu'elle possède à un si haut degré ne sont pas appelées à disparaître ou, du moins, à diminuer sensiblement à mesure que ses cadres, au lieu de se recruter parmi les anciens Samouraïs, seront pris dans toutes les classes de la population. L'avenir le montrera. — Mais s'il doit en être autrement, si l'armée japonaise doit rester toujours animée du même esprit, il est clair que le jour où le Japon aura développé ses forces militaires et ses forces navales en proportion de ses 40 millions d'habitants, ce jour-là, — il ne sera plus seulement, comme il l'est actuellement, inattaquable chez lui, — il deviendra une puissance offensive avec laquelle il faudra compter très sérieusement. Suivant les circonstances, il pourra être, pour ses voisins, un adversaire redoutable ou un allié précieux.

Ses voisins, c'est d'abord la Chine et la Russie ; l'Angleterre ensuite, en raison des nombreux comptoirs qu'elle possède en Extrême-Orient ; c'est la France enfin, car il ne faut pas perdre de vue que Formose est maintenant terre japonaise, et qu'elle est séparée seulement par trois jours de navigation de l'Annam et du Tonkin.

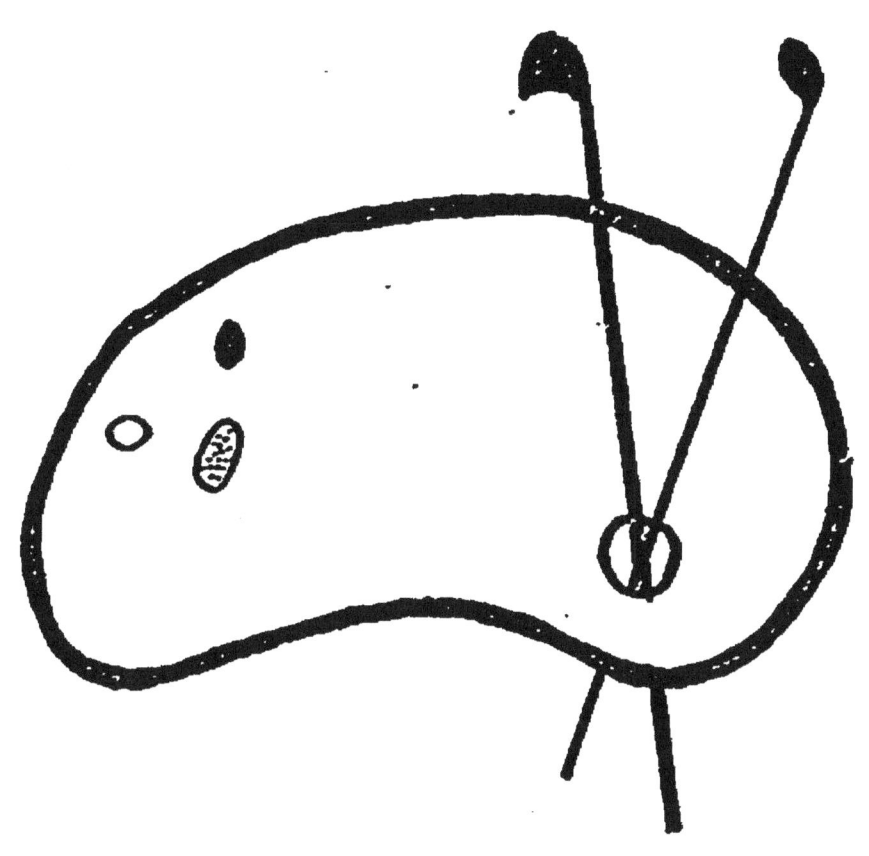

ORIGINAL EN COULEUR
NF Z 43-120-8

www.ingramcontent.com/pod-product-compliance
Lightning Source LLC
Chambersburg PA
CBHW061018050426
42453CB00009B/1512